# EST-CE LÉGALEMENT

## QUE LE GOUVERNEMENT A FAIT SUSPENDRE L'EXERCICE DU CULTE SAINT-SIMONIEN ?

---

QUESTIONS A POSER AU JURY.

Nous avons dit souvent notre opinion sur la légalité ; nous sommes loin de croire possible que la société soit esclave de textes morts, et, certainement, si demain la légalité devenait formellement contraire à la liberté religieuse et à la liberté de la presse, nous ne serions nullement disposés à accepter pour dernière raison les dispositions législatives telles qu'elles seraient alors.

Toutefois, comme le ministère a pris l'ordre légal pour devise, il était utile pour nous de prouver comment cet ordre légal avait été violé en nous, et c'est ce qui nous a dicté l'article ci-après.

(Extrait du Globe du 26 janvier 183:.)

# EST-CE LÉGALEMENT

QUE LE GOUVERNEMENT A FAIT SUSPENDRE L'EXERCICE

DU CULTE SAINT-SIMONIEN?

Si l'autorité eût médité les lois qui régissent maintenant les cultes, nous pensons qu'elle ne se serait pas permis de faire suspendre l'exercice du culte Saint-Simonien.

Nous croyons devoir lui mettre sous les yeux l'état de la législation sur cette matière, espérant que, mieux éclairée, elle ne voudra pas persévérer dans une voie qui la constituerait en état de violation d'un ordre légal pour lequel elle a un si grand respect.

Chaque citoyen peut professer sa religion avec une égale liberté, et obtient pour son culte la même protection.

Le gouvernement ne peut pas permettre l'ouverture d'un temple à certains religionnaires et la défendre à d'autres.

Tout citoyen peut pratiquer sa religion dans tel lieu qu'il lui plaît sans être obligé de faire reconnaître par l'autorité l'existence de sa religion.

Il lui suffit d'indiquer au préfet de police le lieu qu'il entend consacrer à l'exercice du culte de son choix.

L'édifice qu'il a désigné est dès lors soumis à la surveillance des autorités constituées, qui peuvent y pénétrer quand il leur plaît, par leurs agens.

Si le ministre d'un culte provoque par ses discours à la désobéissance aux lois, il est passible des peines prononcées par les lois.

Mais tant qu'il ne commet aucun fait punissable, il jouit de la protection de la loi, dans le libre exercice de son culte.

Ces principes résultent des différentes lois qui régissent la matière.

La loi du 7 vendémiaire an IV (29 septembre 1795) contient les dispositions suivantes, qui méritent d'être méditées :

« La Convention, considérant qu'aux termes de la constitution nul ne peut être empêché d'exercer, en se conformant aux lois, le culte qu'il a choisi ;

» Considérant que les lois auxquelles il est nécessaire de se conformer dans l'exercice des cultes ne statuent point sur ce qui n'est que du domaine de la pensée, sur les rapports de l'homme avec l'objet de son culte, et qu'elles n'ont et ne peuvent avoir pour but qu'une surveillance renfermée dans des mesures de police et de sûreté publique ;

« Qu'ainsi elles doivent garantir le libre exercice des cultes par la punition de ceux qui en troublent les cérémonies, ou en outragent les ministres en fonction ;

» Exiger des ministres de tous les cultes une garantie purement civique contre l'abus qu'ils pourraient faire de leur ministère pour exciter à la désobéissance aux lois de l'état ;

» Réprimer les délits qui peuvent se commettre à l'occasion et par abus de l'exercice des cultes :

« Décrète ce qui suit :

» Article 1er. Tout rassemblement de citoyens pour l'exercice d'un culte quelconque est soumis à la surveillance des autorités constituées.

» Art. 5. Nul ne pourra remplir le ministère d'aucun culte s'il ne fait préalablement, devant l'administrateur municipal du lieu où il voudra l'exercer, une déclaration dont le modèle est dans l'article suivant.

» Art. 6. La formule de la déclaration exigée ci-dessus est celle-ci :

*Je reconnais que l'universalité des citoyens français est le souverain, et je promets soumission et obéissance aux lois de la république.*

» Art. 16. Les cérémonies de tout culte sont interdites hors l'enceinte de l'édifice choisi pour les exercer.

» Cette prohibition ne s'applique pas aux cérémonies qui ont lieu dans l'enceinte d'une *maison particulière*, pourvu que, outre les individus qui ont le même domicile, il n'y ait pas, à l'occasion des mêmes cérémonies, un rassemblement excédant DIX personnes.

» Art. 17. L'enceinte choisie pour l'exercice d'un culte sera *indiquée* et déclarée à l'adjoint municipal. Il est défendu à tout ministre de culte et à tous individus d'user de ladite enceinte avant d'avoir rempli cette formalité.

» Art. 18. La contravention à l'un des art. 16 et 17 sera punie d'une amende qui ne pourra excéder 500 fr. ni être moindre de 100 fr., et d'un emprisonnement qui ne pourra excéder deux ans ni être moindre d'un mois. »

Un arrêté du 12 messidor an VIII a chargé M. le préfet de police de recevoir à Paris les déclarations prescrites par la loi précitée.

Les art. 201 et 202 du Code pénal portent des peines contre les ministres des cultes qui provoquent à la désobéissance aux lois dans les discours qu'ils prononcent dans l'exercice de leur ministère.

Dans cette position, l'art. 5 de la loi du 7 vendémiaire an IV n'ayant été modifié par aucune loi postérieure, les Saint-Simoniens eussent été peu disposés à reconnaître, dans une déclaration, avant d'exercer leur culte, que *l'universalité des citoyens* français est le souverain, et à promettre soumission aux lois de la *république*.

M. le préfet de police eût, de son côté, été sans doute fort peu disposé à recevoir une pareille déclaration.

On a dû de part et d'autre considérer l'article qui la prescrivait comme non susceptible d'exécution.

Les Saint-Simoniens n'avaient donc qu'une seule formalité à remplir pour pratiquer librement leur culte : ils devaient indiquer à M. le préfet de police l'enceinte dans laquelle ils se réunissaient, et rendre cette enceinte accessible à tous momens aux agens de M. le préfet.

C'est ce qu'ils ont fait de la manière suivante.

Il y a environ un mois, quelques bruits avaient couru sur l'intention où était le gouvernement de faire fermer la salle Taitbout.

Je me rendis chez M. le préfet de police; je le trouvai précisément en conférence avec M. le procureur du roi. Ils examinaient ensemble comment ils devaient procéder pour faire cesser les prédications de la salle Taitbout.

Je fis valoir près de ces messieurs les principes applicables à la liberté des cultes.

Et il demeura convenu qu'il serait remis à M. le préfet de police quatre cartes, au moyen desquelles des agens par lui désignés pourraient assister à toutes les séances qui auraient lieu à la salle Taitbout, même à celles intérieures de la famille Saint-Simonienne, et que les différens chefs Saint-Simoniens auraient l'attention de prévenir M. le préfet des jour et heure des réunions, pour lui éviter une surveillance de tous les instants dans l'enceinte désignée pour l'exercice du culte Saint-Simonien.

Je fis en outre observer à M. le préfet de police que si, d'un

( 5 )

instant à l'autre, le gouvernement croyait avoir le droit de procéder à la fermeture de la salle Taitbout, il serait inutile de déployer aucun appareil de force et d'interrompre l'une des séances; qu'il suffirait, pour éviter toute occasion de troubles, de me faire connaître les nouvelles intentions du gouvernement, et que dès lors toute séance serait suspendue jusqu'à ce que la justice ait prononcé sur la légalité de cette mesure.

Ce que j'avais promis fut exécuté. Une erreur s'étant glissée lors de l'envoi des premières cartes d'entrée, M. le préfet de police me pria de passer à son cabinet; il me fit remarquer cette erreur, et de nouvelles cartes lui furent adressées.

Je suis allé plusieurs fois voir M. le préfet de police pour m'informer si de nouvelles déterminations n'avaient pas été prises. M. le préfet me fit quelques observations au sujet des rapports qui lui étaient faits par les agens qu'il avait envoyés aux séances Saint-Simoniennes; il me renouvela la promesse qu'il ne prendrait aucune mesure de rigueur sans me prévenir, à moins qu'il ne reçût l'ordre d'agir inopinément.

C'est en effet ce qui eut lieu: M. le procureur du roi a agi d'office; on ne peut donc que se féliciter des procédés de M. le préfet de police dans cette circonstance. Mais en même temps il faut reconnaître qu'il résulte de ce qui précède la preuve que, conformément aux art. 1er, 16 et 17 de la loi du 7 vendémiaire an IV, M. le préfet de police a été mis à même d'exercer telle surveillance qu'il a jugée convenable dans l'enceinte de la salle Taitbout, qui lui a été suffisamment désignée comme destinée à l'exercice du culte Saint-Simonien.

Et dès lors les Saint-Simoniens ne pouvaient légalement être troublés dans les pratiques de leur religion; leurs discours pouvaient être l'objet de poursuites, s'ils eussent contenu quelques provocations punissables, mais l'enceinte consacrée à leur culte ne pouvait être fermée.

Telle est la solution qui devrait être adoptée si l'on ne consultait que la lettre et l'esprit de la législation sur la matière.

Mais comme il est souvent facile de trouver dans l'ordre légal des moyens de donner deux solutions entièrement opposées à une même question, nous devons examiner les objections qui pourraient être faites pour obscurcir ce que nous venons de démontrer.

On prétendra peut-être : 1° que la loi du 7 vendémiaire an IV a été abrogée par des lois postérieures, et particulièrement par le célèbre art. 291 du Code pénal;

2° Qu'il n'appartient pas à un citoyen de s'appliquer le bénéfice de certaines exceptions établies par les lois, en se proclamant ministre d'un culte qu'il s'est fait;

3° Qu'en supposant que la loi du 7 vendémiaire an IV fût applicable, il y aurait peut-être lieu d'exiger des ministres des cultes nouveaux une déclaration quelconque de soumission au pouvoir régnant.

§ 1er. *La loi du 7 vendémiaire an IV, qui règle la liberté des cultes, a-t-elle été abrogée par des lois postérieures, notamment par l'article 291 du Code pénal sur les associations de plus de vingt personnes?*

La loi du 7 vendémiaire an IV n'a été abrogée formellement par aucune loi : c'est la seule loi que nous ayons maintenant comme règle des cultes non salariés.

Elle n'est contredite par aucune loi postérieure dans les parties dont nous demandons l'application.

La loi du 8 germinal an X, qui est celle qui contient le plus de dispositions sur les cultes, ne règle que les cultes catholique et protestant.

Son préambule est ainsi conçu :

« La convention passée à Paris, le 26 messidor an IX, entre le pape et le gouvernement français; ensemble les articles organiques de ladite convention, les articles organiques des cultes protestans dont la teneur suit, seront promulgués et exécutés comme lois de la république. »

Ces articles organiques, purement relatifs à des cultes salariés, ont pu leur prescrire telles règles d'existence que le gouvernement d'alors a jugé convenables.

Mais ces articles ne peuvent être appliqués à des cultes non salariés, qui restent sous l'empire de la loi du 7 vendémiaire an IV.

Si on déclarait cette loi abrogée par celle du 18 germinal an X, les cultes non salariés n'auraient plus de règles d'existence : ils pourraient faire tout ce qui leur est défendu par la loi du 7 vendémiaire an IV.

Cette loi n'est pas non plus abolie par l'art. 291 du Code pénal, lequel porte ce qui suit :

« Nulle association de plus de vingt personnes, dont le but sera de se réunir tous les jours ou à certains jours marqués, pour s'occuper d'objets religieux, littéraires, politiques *ou autres*, ne pourra se former qu'avec l'agrément du gouvernement, et sous les conditions qu'il plaira à l'autorité publique d'imposer à la société.

« Dans le nombre des personnes indiquées par le présent article ne seront pas comprises celles *domiciliées dans la maison* où l'association se réunit. »

Depuis la dissolution des clubs on a toujours vu dans les différentes lois qui se sont succédées, à côté de lois qui défendaient d'une manière absolue toute réunion dans des *maisons particulières*, d'autres lois qui permettaient le libre exercice des cultes dans des *lieux consacrés* à cet usage, et jamais on n'a considéré ces lois comme s'excluant, ou s'abrogeant l'une par l'autre.

En effet on conçoit que dans *un temple* l'autorité peut exercer sa surveillance à tout instant, et que dès lors les coréligionnaires peuvent s'y réunir, sous la seule condition de faire connaître le lieu qu'ils ont consacré à cet effet en le livrant à l'investigation continuelle de l'autorité.

Au contraire, dans une *maison particulière* qui n'est pas consacrée à un culte, l'autorité ne peut pénétrer que dans certains cas et dans certains momens; c'est pourquoi des réunions ne peuvent avoir lieu dans des *maisons particulières* qu'avec une permission qui peut être délivrée sous certaines conditions : par exemple à la condition de prévenir la police des jours et des heures des réunions, pour qu'elle puisse y envoyer ~ens aux heures désignées, ne pouvant s'y présenter à tout ins      comme dans un temple.

Cette distinction se fait remarquer dans les diverses lois qui régissent la matière.

La constitution de l'an III portait dans son art. 351 :

« Il ne peut être formé de corporations ni d'associations con-contraires à l'ordre public. »

Et à côté de cette défense absolue on lisait dans son article 354 :

« Nul ne peut être empêché d'exercer, en se conformant aux lois, le culte qu'il a choisi. »

La loi du 7 vendémiaire an IV défend à toute réunion de plus de dix personnes de pratiquer des cérémonies religieuses dans des *maisons particulières* qui n'ont point été consacrées à un culte, et dans lesquelles la police ne pourrait pénétrer à tout instant.

Tandis qu'elle permet toute espèce de cérémonies dans les édifices consacrés à cet effet.

C'est ce qui résulte des articles 1, 16 et 17 de cette loi.

Quelques difficultés s'étant élevées sur l'exécution de ces articles, un arrêté du 4 brumaire an VI décida qu'il résultait évidemment de la loi précitée :

» *Que* toutes les enceintes DESTINÉES au culte devaient être déclarées, à l'exception seulement des MAISONS PARTICULIÈRES où il ne se rassemblait pas plus de dix personnes, outre les co-domiciliés. »

Le seul changement qui ait été apporté par l'art. 291 à l'état de la législation sur la matière, c'est qu'au lieu de défendre d'une manière absolue les réunions excédant un certain nombre de personnes qui s'occupent d'objets religieux dans une maison particulière non consacrée à un culte, cet article autorise le gouvernement à permettre ces réunions, sous certaines conditions.

Et au lieu de rendre l'intervention de la police nécessaire dans toute réunion excédant DIX personnes, il ne la déclare nécessaire que lorsque la réunion excède VINGT personnes.

Mais cet article ne porte aucune atteinte au droit des citoyens de se réunir dans une enceinte *consacrée* à leur culte.

Il étend la liberté de s'assembler au lieu de la limiter.

Il ne s'applique qu'au cas d'une réunion dans une *maison particulière*, et ce qui le prouve, c'est qu'il rappelle les expressions de l'article 16 (1) de la loi du 7 vendémiaire an IV, en ces termes :

» Dans le nombre des personnes indiquées par le présent article ne sont pas comprises celles *domiciliées* dans la maison où l'association se réunit. »

L'art. 294, en punissant tout individu qui, sans la permission de l'autorité municipale, aura accordé ou consenti à l'usage de sa *maison* ou de son *appartement*, en tout ou en partie, pour une réunion même autorisée, indique assez que le Code pénal ne s'est point occupé des réunions qui ont lieu dans des *enceintes consacrées*.

Il est dit dans ce Code, art. 484 :

» Dans toutes les matières qui n'ont pas été réglées par le présent Code, et qui sont régies par des lois et réglemens particuliers, les cours et les tribunaux continueront de les observer. »

C'est ainsi que la question que nous agitons maintenant a été entendue dans l'affaire des *piétistes*, qui prétendaient se réunir plus de vingt dans une *maison particulière* pour pratiquer leur religion, sans être obligés de se pourvoir d'une autorisation.

M. l'avocat général s'exprimait ainsi dans cette affaire, devant la Cour de cassation, le 3 août 1826 :

« De quoi s'agit-il de la part des piétistes ? Ont-ils réclamé du gouvernement, pour l'exercice de leur culte, l'autorisation de se réunir dans un TEMPLE ou un ORATOIRE ? Jamais ils ne l'ont demandée. Il s'agit seulement d'une réunion *qui est inconnue du*

_______________

(1) Voyez ci-dessus, page 3, les termes de cet article.

gouvernement, dans une maison PRIVÉE dont l'entrée est interdite à tout officier de police. »

» Les piétistes ne réclament donc pas le droit de professer leur culte, mais une faveur interdite par nos lois, le droit de se réunir en quelque nombre que ce soit dans une MAISON PRIVÉE, *sans être soumis à une surveillance quelconque.* »

La Cour de cassation a statué en ces termes :

Vu l'art. 5 de la Charte portant,

» Chacun professe sa religion avec une égale liberté et obtient pour son culte la même protection ;

» Vu les art. 291 et suivans du Code pénal ;

» Considérant que ces derniers articles se concilient parfaitement, tant avec les principes consacrés par la Charte qu'avec le besoin de surveillance et de police qui doit régner dans tout ordre social sagement organisé :...

» Attendu qu'il est d'ailleurs constant, par le jugement de première instance, que l'association des piétistes s'était réunie au nombre de plus de vingt personnes, et sans l'autorisation du gouvernement, dans LA MAISON de Nordman. »

La Cour a cassé l'arrêt qui avait absous ce dernier, et renvoyé l'affaire devant la cour de Metz, qui, par son arrêt, a consacré en principe que, *quant au culte extérieur, la même protection est due à toutes les religions.*

Elle a ensuite statué sur le cas particulier en ces termes:
« Attendu que la secte des piétistes, fût-elle ou non autorisée
» dans l'exercice de son culte, Nordman n'a pu prêter *sa*
» *maison,* sans la permission de l'autorité municipale, à une
» réunion de plus de vingt personnes, le condamne à 16 francs
» d'amende. »

Ainsi, on le voit, ces deux arrêts concourent à établir ce principe, qu'une autorisation n'est nécessaire que lorsque l'on veut se réunir dans une *maison particulière* ; mais que, lorsqu'on désire pratiquer un culte dans une *enceinte consacrée* à cet effet, il suffit de désigner cette enceinte à l'autorité, qui ne peut dans ce cas empêcher la réunion.

§ 11. *Un citoyen peut-il s'appliquer le bénéfice de certaines excep-tions établies par la loi, en se proclamant ministre d'un culte qu'il s'est fait?*

Tels sont les termes de la question que la Cour de cassation s'est posée dans son audience du 23 décembre dernier, lorsqu'elle a eu à examiner si l'un des anciens chefs de la religion Saint-Simo-nienne avait le droit de se faire exempter du service de la garde nationale.

La même question peut se reproduire dans l'espèce qui nous occupe.

Comment! dira-t-on, il suffira à un citoyen de se dire chef d'une religion qu'il inventera, pour ouvrir un club sous le nom de temple et y prêcher telles doctrines qu'il lui plaira?

L'autorité n'a point à examiner en quoi consiste la religion qu'un citoyen se propose de pratiquer dans un temple qu'il di-rige.

Elle a seulement à vérifier si les discours que ce citoyen pro-nonce dans le temple qu'il a choisi constituent des délits punis-sables.

C'est ainsi qu'en Angleterre et dans les Etats-Unis il y a une multitude de sectes qui prêchent librement leurs doctrines sans être l'objet d'aucune mesure préventive.

Mais, dira-t-on, la doctrine Saint-Simonienne n'est pas une religion : les religions ne s'occupent pas des choses de ce monde, et les Saint-Simoniens dans leurs prédications parlent plus de ce qu'il y a à faire sur cette terre que du sort réservé à l'homme après sa mort.

Nous nions que les religions du passé ne se soient pas occupées des choses temporelles.

Le Christ, en répandant la doctrine de la fraternité entre les hommes, tendait à un but très-positif et très-contraire à l'état de la législation qui était en vigueur lors de son apparition sur la terre: en prêchant l'abolition de l'esclavage ne faisait-il pas une

chose toute terrestre? Et cependant il fondait une religion nou-
velle.

Si un citoyen était obligé de faire reconnaître sa religion par
l'autorité avant de la pratiquer, il n'y aurait plus de liberté des
cultes.

Le pouvoir se refuserait toujours à reconnaître comme religions celles dont les principes ne lui plairaient pas.

Un préfet de police juif ne reconnaîtrait pas comme religion
celle des chrétiens, des protestans ou des mahométans.

La liberté de la presse régnerait-elle en France si chaque écri-
vain était obligé d'obtenir une permission du gouvernement
avant de publier sa pensée ?

Comment pourrait-on dire qu'en France chacun professe sa
religion avec une égale liberté, si, avant de se livrer à la moindre
pratique, il fallait une permission de l'autorité ?

On objecte que si chacun est libre de se déclarer chef d'un
culte, tous les citoyens pourront se faire exempter du service de
la garde nationale.

Mais, nous le demandons en conscience, est-il un citoyen
qui, pour s'exempter de ce service, consentirait à avoir un temple consacré à son prétendu culte, et à passer tout son temps dans
des pratiques prétendues religieuses ? Ce serait acheter trop cher
une pareille exemption.

Lorsqu'un citoyen prétendra être ministre d'un culte, les tribunaux n'admettront son excuse que lorsqu'il l'aura justifiée par
des faits et circonstances qui ne laisseront aucun doute sur sa véritable qualité.

Si nous vivions encore sous le paganisme, et qu'il fût établi
en jurisprudence qu'aucune religion ne pourrait être pratiquée
avant d'avoir été reconnue, le Christ, apparaissant et prêchant
l'abolition de l'esclavage, serait traduit en police correctionnelle
comme un révolutionnaire voulant fonder un club, quand même
il eût désigné à l'avance le lieu où il se serait proposé de prêcher
sa doctrine.

Si les apôtres eussent pu être empêchés de prêcher les principes de leur divin maître, tel puissant de la terre, qui est peut-être le descendant d'un esclave, serait encore un esclave aujourd'hui.

Non, il est impossible qu'une pareille doctrine prévale dans ce siècle de lumière.

Nous retomberions alors sous une tyrannie intolérable. Il n'y aurait pas de raison pour que, en vertu de l'art. 291, on ne fît pas quelque jour cerner la maison du général Lafayette, où certes plus de vingt personnes se réunissent chaque mardi pour s'y occuper d'objets religieux, politiques ou AUTRES; il n'y aurait pas de raison pour que l'on ne fît pas fermer tous les salons de la capitale qui sont ouverts à des jours périodiques.

§ 3. *Admettant que la loi du 7 vendémiaire an IV, sur les cultes, est encore en vigueur, y a-t-il lieu d'exiger des ministres des cultes nouveaux une déclaration quelconque de soumission au pouvoir régnant?*

Lors des divers changemens de gouvernemens que la France a subis, différentes lois ont exigé des sermens contradictoires des ministres des cultes salariés; tantôt on leur a demandé de prêter serment de fidélité au roi et à la constition de 1791, tantôt on leur a demandé le serment de haine à la royauté: plus tard ils ont juré fidélité à la république, à Napoléon, à Louis XVIII, etc., etc.

Lors de l'avénement de Louis-Philippe, roi actuel, on n'a point voulu s'exposer à mettre le trouble dans le clergé salarié, en exigeant de lui un nouveau serment.

La loi du 30 août 1830, sur le serment, ne fait point mention des ministres des cultes.

Elle est ainsi conçue:

« Tous les fonctionnaires publics dans l'ordre administratif et judiciaire, les officiers de terre et de mer, seront tenus de prêter le serment dont la teneur suit:

» Je jure fidélité au roi des Français, obéissance à la Charte constitutionnelle et aux lois du royaume.

» Il ne pourra être exigé d'eux aucun autre serment, si ce n'est en vertu d'une loi. »

Lors de la discussion de cette loi, un député proposa de demander des sermens spéciaux à certains fonctionnaires publics, mais la Chambre rejeta cette proposition, sur l'observation que la promesse de fidélité aux lois remplaçait les sermens spéciaux qui étaient exigés sous la restauration.

Un autre membre proposa d'exiger le nouveau serment *de tous les individus recevant un salaire de l'état.* (1)

La Chambre vit dans cet amendement l'exigence d'un nouveau serment à prêter de la part du clergé salarié : elle le rejeta spontanément.

Il résulte de ce qui précède, que, dans l'état actuel de la législation, des ministres salariés ne seront à l'avenir tenus de prêter aucun serment au gouvernement existant, pas même lors de leur investiture à de nouvelles fonctions sacerdotales.

Si le clergé salarié n'est tenu de prêter aucun serment, dans aucun cas, nous ne concevons pas comment on pourrait en exiger des clergés libres non salariés par l'état, et en particulier du clergé Saint-Simonien.

La seule loi applicable à ce clergé c'est celle du 7 vendémiaire an IV, qui prescrit à tout ministre de culte, avant de pratiquer sa religion dans un lieu quelconque, de *reconnaître que l'universalité des Français est le souverain, et de promettre soumission aux lois de la république.*

Nous pensons que le gouvernement sera peu disposé à demander une pareille déclaration au clergé Saint-Simonien.

La seule condition que ce clergé avait à remplir avant de pratiquer son culte, c'était de désigner à M. le préfet de police l'édifice qu'il avait consacré à cet effet, et cette indication a été faite.

## CONCLUSION.

C'est donc sans droit, et surtout contre le texte formel de la

(1) *Moniteur* du 20 août 1830, pag. 932.

Charte, qui proclame la liberté des cultes, que le gouvernement a fait fermer l'édifice que les Saint-Simoniens avaient consacré aux pratiques de leur religion.

Ce n'est point avec des mesures de police que l'on empêche l'émission et le succès d'une doctrine quelconque, c'est en la réfutant.

Dans un pays de liberté les idées se reproduisent sous mille formes diverses.

Si l'on empêche les Saint-Simoniens de prêcher leur doctrine dans un temple, ils la répandront par la voie de la presse. Les capitaux qu'ils employaient en loyers de salles et en missions, ils les emploieront à tirer *le Globe* à un plus grand nombre d'exemplaires.

Par toutes ces considérations, nous n'hésitons pas à penser que le gouvernement ne voudra pas plus long-temps entraver les Saint-Simoniens dans la libre pratique de leur religion, et nous espérons qu'il ordonnera immédiatement la levée des scellés qu'il a fait apposer sur les portes de l'édifice consacré à leur culte.

---

## QUESTIONS A POSER AU JURY.

La loi du 7 ventose an IV, sur les cultes, portant

« Que les lois auxquelles il est nécessaire de se conformer » dans l'exercice des cultes *ne statuent point sur ce qui n'est que du* » DOMAINE DE LA PENSÉE; sur *les rapports de l'homme avec les ob-* » *jets de son culte;* et qu'elles n'ont et ne peuvent avoir pour but » qu'une surveillance renfermée dans des mesures de police et de » sûreté publique; »

Et d'un autre côté, la Charte de 1830 ayant proclamé la liberté des cultes,

Il est évident que les tribunaux n'ont point à examiner si le Saint-Simonisme est ou n'est pas une religion à leurs yeux?

Pour juger si les Saint-Simoniens sont passibles d'une peine

quelconque, pour s'être réunis plus de vingt dans la salle Taitbout, ils n'ont qu'à se poser ces questions.


« La salle Taitbout avait-elle été suffisamment désignée à
» M. le préfet de police par les Saint-Simoniens, comme étant
» le lieu qu'ils avaient consacré aux pratiques de leur culte (con-
» formément à l'art. 17 de la loi du 7 ventose an IV)?
» Avaient-ils livré cette salle à la surveillance des autorités
» constituées, (conformément à l'art. 1er de la même loi)? »


Telles sont les questions dont les chefs de la religion Saint-
Simonienne demanderont la solution au jury devant lequel ils
comparaîtront.

Si, contre toute attente, la Cour d'assises qui dirigera les dé-
bats juge qu'une association ne peut jouir de la protection pro-
mise par la loi du 7 ventose an IV, qu'autant qu'elle est reconnue
par les tribunaux comme constituant une religion.

Les questions à soumettre au jury seront les suivantes :


« Le Saint-Simonisme est-il une religion ? »
En cas d'affirmative,
« La salle Taitbout avait-elle été suffisamment désignée à
» M. le préfet de police par les Saint-Simoniens, comme
» étant le lieu qu'ils avaient consacré aux pratiques de leur culte
» (conformément à l'art. 17 de la loi du 7 vendémiaire an IV)?
» Avaient-ils livré ce lieu à la surveillance des autorités consti-
» tuées (conformément à l'art. 1er de la même loi)? »


Si les questions sont ainsi posées, les chefs de la religion
Saint-Simonienne se réserveront de se pourvoir devant la Cour
de cassation pour faire juger qu'une religion n'a pas besoin de se
faire reconnaître par les tribunaux pour jouir de la liberté et de
la protection promises à tous les cultes par les lois et par la
Charte de 1830.

Il n'est pas à craindre qu'en vertu des principes sur la liberté des cultes, un parti politique quelconque vienne déclarer qu'il a fondé la religion de la république, de Henri V ou de Napoléon II, pour avoir le droit d'ouvrir un club sous le nom de temple ;

Car, aux termes de l'art. 201 du Code pénal, il est défendu, sous peine d'emprisonnement aux ministres des cultes de prononcer publiquement la critique ou la censure du gouvernement, d'une loi, d'une ordonnance royale ou de tout autre acte de l'autorité.

Or quel est le parti politique qui demanderait à ouvrir un temple dans lequel il ne pourrait prononcer aucune critique du gouvernement, d'une loi, d'une ordonnance royale, etc.?

Il n'y a qu'une véritable religion qui puisse se soumettre à de pareilles dispositions législatives.

La liberté des cultes, telle que nous l'entendons, n'offre donc aucun inconvénient,

Puisque,

D'une part, les lieux consacrés aux différens cultes sont publics et soumis à une surveillance continuelle de l'autorité ;

Et que, d'autre part, les ministres des cultes ne peuvent prononcer dans leur temple aucune critique du gouvernement existant.

Si la Cour d'assises qui sera saisie de cette affaire méconnaît les principes ci-dessus, et prétend appliquer purement et simplement l'art. 291 du Code pénal, sur les réunions de plus de vingt personnes dans des maisons privées,

Les questions à poser seront celles ci-après :

« Les chefs de la doctrine Saint-Simonienne étaient-ils réu-
» nis à plus de vingt personnes dans la salle Taitbout, le di-
» manche 22 janvier 1832?

« Étaient-ils autorisés par M. le préfet de police à se réunir
» plus de vingt personnes dans cette salle, jusqu'à ce que le gou-

» vernement ait manifesté l'intention de faire cesser leur réu-
» nion ? »

Si les questions soumises au jury sont ainsi posées, les chefs de la doctrine Saint-Simonienne déclarent dès à présent qu'ils se pourvoiront en cassation contre l'arrêt qui pourra être rendu par suite de ces questions , parce qu'à leurs yeux , cet arrêt violera les lois protectrices de la liberté des cultes.

DECOURDEMANCHE.

Paris. — EVERAT, Imp., rue du Cadran , n° 16.